DES MOYENS

DE PRÉVENIR LA DÉCADENCE

DE L'ART DU COMÉDIEN.

DES MOYENS

DE PRÉVENIR LA DÉCADENCE

DE L'ART DU COMÉDIEN,

ET

D'ASSURER LE SORT DE CEUX QUI EXERCENT CET ART.

Par A.-J. DUMANIANT.

Il y a dans les meilleurs conseils de quoi déplaire; ils ne viennent d'ailleurs que de notre esprit : c'est assez pour être rejetés d'abord par présomption et par humeur, et suivis seulement par nécessité ou par réflexion.

La Bruyère, chap. XII.

A PARIS,

Chez BARBA, Libraire, Palais-Royal, galerie derrière le Théâtre-Français, n.° 51.

1813.

DES MOYENS
DE PRÉVENIR LA DÉCADENCE
DE L'ART DU COMÉDIEN,
ET
D'ASSURER LE SORT DE CEUX QUI EXERCENT CET ART.

CHAPITRE PREMIER.

But de l'Auteur, avant-propos.

Il y a trois ans que M. Hoffman publia, dans le *Journal de l'Empire* trois articles, dans lesquels il développa, avec une logique forte et le talent qui le distingue, les causes de la décadence de l'art dramatique ; ces articles méritaient d'être imprimés séparément : les amateurs les eussent recueillis. Quelque temps après, je publiai une petite brochure, où je parlais aussi de la décadence du théâtre, mais seulement sous le rapport de l'art du comédien.

Je n'atteignais point le but que je me proposais alors. J'espérais qu'une discussion s'ouvrirait, dans les journaux, sur les moyens de relever, en France, la comédie et la tragédie. J'indiquais les causes du mal, sans en indiquer le remède. Je n'osais pas dire ce que je pensais, parce que je me défiais de mes faibles lumières. J'espérais que quelqu'un, plus habile que moi, ferait ce que je ne faisais pas. Je fus trompé dans mon attente. On accorda quelques éloges à mon opuscule ; il fit peu de bruit dans le monde, et bientôt on n'en parla plus.

Le mal, dont je me plaignais à cette époque, va toujours croissant. Les bons acteurs de la scène française ne rajeunissent point ; il faudra qu'ils se retirent un jour, et l'on ne sait point où l'on trouvera ceux qui pourront leur succéder. Si le temps, qui n'épargne personne, n'avait aucune prise sur les grands artistes, si le théâtre français pouvait rester, à perpétuité, tel qu'il est encore ; en dépit des doléances éternelles de quelques frondeurs humoristes, on pourrait se contenter d'une troupe, où les chefs-d'œuvres des maîtres de la scène sont assez bien représentés, pour attirer constamment la foule.

Il m'importe, vu la position où je me trouve, que l'on ne prenne pas le change sur les intentions qui m'ont, de nouveau, fait prendre la plume sur le même sujet. Je déclare donc que tout ce que je propose, dans ce petit ouvrage, n'a pour unique but que la splendeur du théâtre français. J'émets mes idées, non avec l'espérance de les voir adoptées, mais pour qu'elles en fassent naître de plus justes. J'appelle la critique sur cette production. Qu'on laisse de côté mon style : qu'il soit élégant ou commun, cela ne fait rien à l'affaire, je n'écris point ici pour un concours académique; il s'agit des choses et non des mots. Si je déraisonne, que l'on raisonne mieux; si les mesures que je propose sont inexécutables, que l'on en propose qu'on puisse exécuter. Enfin, que le bien s'opère; c'est tout ce que je désire.

Je divise mon léger travail en chapitres, et cela par deux raisons. D'abord, c'est que le lecteur pourra se dispenser de parcourir ceux qui, par leur titre, ne lui présenteraient aucun intérêt; en second lieu, parce que cela m'est plus commode et me sauve l'embarras des transitions.

CHAPITRE II.

D'où naît la difficulté que les comédiens français éprouvent à se procurer des sujets qui puissent remplacer ceux qui se retirent.

(Extrait de ma première brochure.)

Autrefois la retraite d'un grand acteur n'était pas une perte irréparable. Un emploi vaquait-il au Théâtre-Français, les débuts étaient ouverts, et la province offrait plusieurs concurrens distingués, parmi lesquels on n'avait qu'à choisir.

Au commencement du dernier siècle, et long-temps après encore, on n'eut que trois théâtres fixés à Paris : dans le reste de la France, on ne comptait que sept à huit troupes ambulantes. Se bornant à représenter les chefs-d'œuvres des grands maîtres, et les nouveautés en réputation, elles ne pouvaient faire qu'un séjour momentané dans chaque ville ; les candidats difficilement admis, s'exerçaient dans les rôles inférieurs, avant de se hasarder à remplir ceux de quelque importance ; et c'est ainsi que se formaient les grands artistes.

L'établissement de l'Opéra-Comique, à Paris, fut la première atteinte portée, sinon à la gloire, du moins au succès, quant aux recettes, de la tragédie et de la comédie. Grâce au nouveau genre, les troupes de comédiens se multiplièrent, les grandes villes, et plusieurs même du second ordre, eurent des spectacles toute l'année. La préférence accordée, partout, aux artistes chantans, diminua la considération de ceux qui ne savaient que bien dire. Moins payés, moins estimés, ils eurent moins d'amour pour leur art. Les débutans à qui la nature avait accordé un peu de voix, dédaignèrent de suivre une route difficile, pour se lancer dans une carrière lucrative, où les succès s'obtenaient sans peine et presque sans étude.

Les dépenses des entrepreneurs étaient doublées ; mais les recettes l'étaient aussi. Il s'est écoulé bien des années, avant que les pièces à ariettes pussent, ailleurs qu'à Paris, suffire seules aux besoins du répertoire d'une troupe de comédiens, ne représentant que des ouvrages de ce genre ; mais les ouvrages mêlés de chant plaisaient de plus en plus ; ils faisaient prospérer partout les directeurs de spectacles. Ils regardaient la comédie comme un mal nécessaire ; mais ils n'eussent pas osé la supprimer. Ils faisaient pour elle le moins de dépense qu'il leur était possible : en plusieurs endroits, elle n'était plus qu'un accessoire indispensable. Enfin, la révolution arriva, elle fut fatale à l'art dramatique dans toutes les provinces. Depuis cette époque, il ne s'y est point relevé de sa chute. Les entrepreneurs, dans les villes secondaires, n'ont plus engagé que des chanteurs et des chanteuses : le public s'en est contenté. Les comédiens, sans place, ont quitté leur état, ou se sont réfugiés chez l'étranger. Il ne s'est plus formé de nouveaux sujets. Les grandes villes se sont bientôt ressenties de la disette des bons acteurs. On compte maintenant bien peu de villes, dans tout l'Empire français, où la tragédie et la comédie soient jouées d'une manière satisfaisante.

Telle est la situation des théâtres dans les départemens. Ce n'est plus là que la comédie française peut se recruter. Si elle a besoin d'un sujet, elle le cherche parmi les élèves du Conservatoire, ou les acteurs du théâtre de l'Odéon. Les premiers n'ont encore que des dispositions, les autres, à quelques exceptions près, n'ont aucune habitude du grand répertoire. Ces nouveaux sujets, de quelque part qu'ils arrivent, sont encore des écoliers dont il faut achever l'éducation dramatique ; et la scène française ne doit pas être une école.

CHAPITRE III.

Des moyens de procurer au théâtre français des artistes qui puissent remplacer, un jour, ceux qui sont maintenant en emploi.

Le moyen le plus simple pour parvenir à ce but désirable, (puisque peu de villes peuvent soutenir les deux genres) c'est d'avoir, dans les départemens, un certain nombre de troupes, où la tragédie et la comédie soient, exclusivement, représentées, d'exiger que les troupes d'opéra-comique jouent quelques comédies, en un, deux ou trois actes. Les artistes chantans s'habitueraient à soigner le dialogue des pièces à ariettes. Leur négligence à cet égard est extrême. Cet ordre, strictement exécuté, leur laisserait l'espoir d'être bons à quelque chose, lorsqu'ils viennent à perdre leur voix.

Une grande objection contre ce premier projet que je propose, c'est que presque partout, en France, on accueille mal une troupe de comédiens où l'on ne chante pas. J'ai lu plusieurs lettres d'autorités constituées, à des directeurs munis de brevets, dans lesquelles on les invitait à avoir un bon opéra, de jolies chanteuses, un jeune *Elleviou*, un excellent *Martin*, et surtout point de comédie, à moins qu'elle ne fût accessoire.

Ces autorités constituées avaient-elles tort de s'exprimer ainsi ? Etait-ce de leur part mépris pour nos chefs-d'œuvres ? Non, sans doute ; mais elles connaissaient le goût de leurs administrés pour la musique ; elles prévoyaient que des tragédiens et des comédiens mourraient de faim dans leur endroit, et elles voulaient sauver aux directeurs la certitude d'une banqueroute.

Quel parti prendre alors ? Accorder aux directeurs qui auront reçu l'ordre de former une tragédie et une comédie, une indemnité suffisante pour les mettre en état de faire honneur aux dépenses de leur entreprise.

Ces comédiens joueront dans le désert ? Il faut leur procurer quelques spectateurs. Le Gouvernement ne pourrait-il pas exiger que tous ceux qui reçoivent de lui un traitement au-dessus de quinze cents fr. fussent de droit abonnés au spectacle? On leur ferait, pour cet objet, une retenue d'un jour de leur traitement de chaque mois. Cette idée n'est pas nouvelle. Avant la révolution, les militaires, partout où ils séjournaient un mois, étaient forcés de s'abonner au spectacle. Il en coûtait fort peu à chaque individu ; mais cette réunion de petites sommes alimentait la troupe de comédie, partout où la garnison était nombreuse. Je sens bien que la ressource que j'indique serait insuffisante. Nulle part les employés, les officiers civils, ne sont aussi nombreux que l'étaient les officiers militaires, soit à Lille, à Metz, ou à Strasbourg. Le nombre des abonnés pourrait être doublé, parce que l'on permettrait à leurs épouses de jouir de la même faveur. Les dames, dans les départemens, aiment beaucoup le spectacle, quand il leur en coûte peu d'argent pour s'y montrer. Aucune n'y manquerait, si la bonne compagnie jouissait seule du privilége d'y entrer gratuitement. Si l'on faisait ce que je dis, comme le monde attire le monde, le spectacle pourrait être suivi, quel que fût son genre. On n'en voudrait point aux directeurs, de n'avoir point formé d'opéra, puisqu'ils exécuteraient les ordres qu'ils auraient reçus. On reprendrait l'habitude d'entendre nos bonnes pièces ; elles auraient pour la grande majorité des spectateurs, tout le charme de la nouveauté ; elles ne pourraient manquer de plaire, et l'on serait honteux du dédain que l'on avait eu pour elles.

Il est de toute impossibilité d'empêcher la ruine de l'art dramatique en France, sans l'intervention du Gouvernement.

Pourquoi les spectacles, dont l'utilité est reconnue, ne seraient-ils point une dépense de l'Etat ? Pourquoi ne pourvoirait-on pas à leur entretien, dans toutes les villes où l'on veut en avoir, par des sous additionnels sur les impositions, lesquels ne seraient payés que par ceux dont les revenus excéderaient une certaine somme ? On leur délivrerait un nombre de billets de spectacle, proportionné à leur contribution. S'ils n'aimaient point le spectacle, il leur serait permis de vendre leurs billets à ceux qui ne seraient point imposés pour cet objet. On réserverait pour ces derniers, non moins nombreux que les autres, la moitié des places que chaque salle pourrait contenir.

Un tel ordre de choses exigerait une longue série d'articles réglementaires : le détail en serait fastidieux : je me garderai bien d'en ennuyer mon lecteur.

Je voudrais qu'il y eût à Paris une agence centrale de tous les spectacles publics de l'Empire.

Cette agence serait-elle dépendante du ministre de l'intérieur ? du surintendant des quatre grands théâtres ? En ferait-on une administration particulière ? c'est ce qu'il ne m'appartient pas de discuter.

Il serait important que cette agence fût composée d'hommes qui eussent des connaissances dans cette partie.

Les directeurs de comédie et les comédiens ont, à Paris, des agens particuliers qui se chargent de leurs intérêts réciproques. Mais ces agens sont sans autorité pour prononcer sur des contestations auxquelles les tribunaux n'entendent rien. Le Code dramatique est encore à faire. Les agens actuels ne mettent point d'unité dans leurs opérations; ils n'en peuvent mettre. Toutefois ils sont fort utiles. C'est d'eux seuls que l'on pourrait obtenir des renseignemens certains sur tout ce qui tient à la comédie. Si l'on avait des places à créer pour cet objet, ce serait à eux que la préférence serait due, lorsque par une longue gestion ils auraient donné des preuves de leur intelligence et de leur probité.

L'agence tiendrait un registre, où seraient inscrits les noms de tous les artistes déclamans ou chantans, des danseurs, des musiciens, des décorateurs, des machinistes et des autres employés dans les administrations dramatiques.

Toutes ce personnes auraient droit à une pension de retraite. On leur ferait, pour cet objet, une retenue annuelle sur leurs appointemens (1).

---

(1) Avec quel zèle j'insisterais sur cette mesure, si j'avais l'espoir que ce faible écrit méritât l'attention du Gouvernement. Combien j'ai connu d'artistes dramatiques sans ressource, dans leur vieillesse, lorsqu'ils n'avaient pas de fils ou de filles qui eussent embrassé leur profession; c'est dans cette classe d'individus, classe souvent dédaignée, que j'ai vu les plus nobles et les plus touchans exemples de la piété filiale. Le Théâtre Français se signale, chaque année, par sa bienfaisance envers des artistes infortunés. Il ne remplit pas les journaux du bien qu'il fait en silence. Il ne peut pas secourir, autant qu'il le voudrait, tous ceux qui s'adressent à lui ; mais ce n'est jamais en vain que l'implore un comédien réduit à la misère. Le nombre, par malheur, en est si grand, que ce que le Théâtre Français accorde à chacun d'eux, ne peut pas les mettre à l'abri du besoin. Au moment où j'écris, un ancien artiste dramatique, âgé de quatre-vingts ans, sollicite la pitié publique, sur le Pont-des-Arts. Enveloppé dans une vieille couverture, la guérite délaissée d'un factionnaire est son seul abri contre la rigueur de la saison. Il eut du talent dans sa jeunesse ; il fut directeur de comédie; il se ruina dans son entreprise. Il fut aussi homme de lettres. Si ses succès, dans ce genre, ne furent pas très-brillans, ses productions, cependant, prouvaient de l'esprit. Auteurs, acteurs, réunissons-nous pour arracher ce vieillard à son horrible position. Je ne suis pas assez riche pour faire seul cette bonne œuvre; mais j'éprouverais une satisfaction véritable, si je provoquais, en sa faveur, un acte de charité.

Pendant que mon manuscrit était à la Commission de la

Une correspondance régulière serait établie entre l'agence et tous les directeurs de comédie.

C'est par l'agence que seraient jugées toutes les contestations relatives au théâtre.

Deux inspecteurs, membres de l'agence, feraient des tournées dans les départemens, soit pour juger par eux-mêmes si les renseignemens donnés par les directeurs, ou par d'autres personnes, seraient exacts, soit pour remédier aux abus, soit, enfin, pour voir si les ordres du Gouvernement seraient exécutés.

L'agence ferait inscrire sur un registre particulier les noms de tous ceux qui vivent aux dépens de la curiosité du public. Pour qu'ils ne se nuisissent pas entr'eux, elle réglerait leur marche. Ils cesseraient d'être un fléau pour les ad-

---

librairie, il a paru dans le *Journal de l'Empire*, un paragraphe où l'on rendait compte, d'une manière à peu près semblable, du sort de cet infortuné. Je me réjouis que le tableau de sa misère ait inspiré à d'autres la même pensée qu'à moi, et surtout le même désir de lui être utile. Ce sont des hommes de lettres, ce sont encore les sociétaires du Théâtre-Français qui viennent à son secours ; cela prouve mieux que tout ce que je pourrais dire, l'inépuisable bienfaisance de ces artistes. On peut pardonner un peu de fortune à ceux qui en font un si honorable emploi.

ministrations dramatiques, et ils n'en existeraient pas moins. Enfin, l'agence s'occuperait de tout ce qui serait relatif aux spectacles, quels que fussent leurs dénominations.

On sent bien que je me borne à offrir les données principales des devoirs et des droits de cette agence. Si je voulais tout dire, j'écrirais un volume, au lieu d'une petite brochure. Je présente quelques idées, dont il est possible que l'on profite.

CHAPITRE IV.

Quel est le nombre des comédiens répandus sur la surface de l'Empire français? Quelle est leur situation actuelle? Combien faudrait-il de troupes de comédie dans les départemens? Quelle somme serait nécessaire pour leur entretien?

ON évalue à près de douze cents individus le nombre des artistes déclamans ou chantans, répandus sur la surface de l'Empire français, sans y comprendre ceux qui exercent leur profession dans la capitale.

Il y a vingt-cinq directeurs brévetés pour les troupes ambulantes. Les uns n'en ont qu'une, lorsque leur arrondissement est peu considérable ; d'autres en ont deux, trois, et même quatre ; ils s'arrangent quelquefois avec des directeurs, non brévetés, qui les remplacent dans les villes, où ils ne peuvent aller, et où ils sont, toutefois, obligés de fournir un spectacle.

En général, il y a toujours trop de comédiens en été ; il n'y en a point assez en hiver.

Les directeurs de troupes ambulantes parcourent les petites villes, pendant les chaleurs, et se retirent l'hiver dans les grandes, où ils ont l'espoir de s'indemniser de leurs pertes. De là les plaintes qui s'élèvent contre eux. Il leur est impossible de contenter tout le monde. Si, cédant à l'importunité, ou plutôt à la crainte de perdre leurs brevets, pour n'avoir point rempli leurs obligations, ils envoient, en hiver, une troupe dans une ville, où l'on ne fait que des recettes médiocres, ils s'arrangent de manière à ne pas payer plus qu'ils ne peuvent recevoir. Peut-on les en blâmer? La réunion d'artistes qu'ils forment, est faible en talens; les amateurs crient; les autorités dénoncent les directeurs. Partout, en France, on veut avoir de bons comédiens, et l'on a raison; mais on ne s'occupe pas de leur procurer de quoi vivre, et l'on a tort.

Il n'est point de bicoque en Italie, qui n'ait son opéra-buffa, pendant l'hiver. Les particuliers aisés se cotisent pour fournir aux frais du théâtre et à l'entretien des virtuoses. L'un prend chez lui le premier *tenor*, l'autre, le premier *bouffe*, madame une telle, la *prima dona*, et madame une telle, la *seconde;* enfin, tous les artistes sont nourris, logés et défrayés de tout. Il est vrai que l'on n'a pas des sujets du premier ordre, on les prend tels qu'on les trouve: on a le bon esprit de s'en contenter. Il n'en est pas de même chez nous, dans de petits endroits. Le particulier le plus riche ne paie que son billet à la porte. Par une inconséquence digne de remarque, il exige que les acteurs vaillent ceux des grandes villes, et que les prix des places soient de moitié moins cher. Les belles dames marchandent pour le prix de leur abonnement. Si on les refuse, elles se coalisent, elles donnent des soirées à l'instar de Paris; les comédiens sont abandonnés, et pour ne pas mourir tout à fait de faim, ils en passent par tout ce qu'on exige d'eux.

Depuis trente ans tout a doublé de valeur; les prix des places aux spectacles sont restés les mêmes. Les directeurs de comédie sont maintenant soumis à une foule de droits qu'ils ne payaient pas avant la révolution. La patente, l'impôt du timbre, celui des indigens, les droits d'auteur, (1) sont des charges qui leur étaient

---

(1) Lorsque les droits d'auteurs furent perçus pour la première fois, les directeurs de comédie les payèrent avec humeur: ils les crurent plus onéreux qu'ils ne le sont en effet; mais toute charge paraît lourde, lorsque l'on est dans l'indigence. On ne sera peut-être pas fâché de savoir quel est le produit de ce droit dans toute l'étendue de l'Empire français. Paris seul, une année dans l'autre, rend aux au-

inconnues ; on les a privés de la redevance du quart brut des recettes des spectacles forains. Ils donnaient seuls des bals publics. Quelques préfets leur ont rendu une partie de ces priviléges ; mais cette mesure n'est pas généralement adoptée. Les appointemens des acteurs, la main-

---

teurs trois cent mille francs ; et deux cent quinze villes, dans les départemens, où l'on joue la comédie, chaque année, pendant un temps, plus ou moins long, n'ont jamais rapporté plus de cent cinquante mille francs. Les noms de près de quatre cents auteurs, tant poètes que musiciens, sont inscrits sur les registres des deux correspondans, chargés de percevoir leurs honoraires. C'est entre ces quatre cents personnes que sont partagés les quatre cent cinquante mille francs que l'on touche pour eux. Il est vrai que chacun n'a point une part égale dans la distribution de ces fonds. Les uns ne figurent sur les registres que pour constater qu'une fois en leur vie, il leur prit la fantaisie d'être auteurs ; d'autres touchent peu de chose, et une vingtaine plus heureux ou plus habiles que leurs confrères sont traités plus favorablement. C'est là que chacun est payé selon ses œuvres ; mais ce que gagne le plus fortuné d'entr'eux, n'équivaut pas constamment à la demi-part d'un sociétaire du Théâtre-Français. On ne citerait pas un seul auteur dramatique qui ait fait fortune avec le seul produit de ses ouvrages. On compte plusieurs acteurs qui se sont enrichis par l'exercice de leur profession. Un auteur du second ordre peut mourir de faim, s'il n'a pour vivre que ce que lui rend ce genre de travail ; un mauvais comédien, à Paris, vit encore dans l'aisance.

d'œuvre des ouvriers, le luminaire, le bois, les toiles, les étoffes, tout est plus cher qu'autrefois : il n'est donc pas étonnant que plusieurs directeurs de comédie soient en faillite, ou se ruinent pour faire honneur à leurs engagemens.

Si l'on veut que l'art dramatique, sous le rapport de l'exécution théâtrale, ne périsse point en France, il faut s'occuper d'abord de fournir aux comédiens les moyens de se soutenir. Qu'importe que nous ayons un assez grand nombre de bons ouvrages, pour faire vivre, à l'aise, les sociétaires du Théâtre-Français, sans le secours des nouveautés, s'il vient un temps où ces chefs-d'œuvres ne seront plus représentés avec cet ensemble qui nous charme encore ? Alors le Théâtre-Français sera déserté, le goût se perdra, et la foule se portera, plus que jamais, aux petits spectacles, dont l'existence est assurée. Ils n'ont pas besoin qu'il se forme de nouveaux *Fleuri*, de nouveaux *Talma*, pour prospérer. Les Franconi futurs élèveront toujours des chevaux et des cerfs ; le Vaudeville, les Variétés, qu'on alimente avec des babioles, tantôt spirituelles, tantôt bouffonnes, n'en chômeront point ; ils trouveront toujours des acteurs assez bons pour leur petit genre ; l'opéra comique se soutiendra, le mélodrame n'en sera pas moins triomphant, mais il n'y aura plus de théâtre français. C'est pour le maintien de sa gloire, je le répète, que j'ai repris la plume. Pour que la race des bons acteurs se perpétue, il faut que l'éducation de leurs successeurs, ébauchée au Conservatoire, s'achève sur des théâtres secondaires, ou sur ceux des départemens. On ne fait pas un comédien en chambre ; c'est sur les planches, devant un public payant, qu'il peut seulement se former. On ne doit pas présenter des écoliers au premier théâtre de la nation, mais des artistes déjà recommandables par des succès antérieurs.

Je voudrais que le Gouvernement eût à son compte vingt-quatre troupes ambulantes, dont douze ne joueraient que la tragédie et la comédie, et les douze autres l'opéra comique. Je crois que ce nombre de troupes serait suffisant pour donner alternativement le spectacle à toutes les villes en état de le soutenir, à certaines époques. Elles auraient tantôt la comédie et tantôt l'opéra. La marche de ces troupes serait réglée par l'agence centrale établie à Paris. On en confierait la direction à ceux des directeurs actuels, dont les talens, dans cette partie, ne sont point révoqués en doute. Tels sont MM. *Saint-Romain, Duverger, Prat, du Bocage, Féreol, Drouin,*

Belval et plusieurs autres, dont les noms ne sont pas présens à ma mémoire. Un projet semblable exigerait de longs développemens; si l'on n'en admet pas les principes, il est inutile d'entrer dans les détails d'exécution.

On accorderait des permissions à des troupes en société qui voudraient aller à leurs risques et périls dans les villes trop peu populeuses pour prétendre à posséder dans leur sein les troupes du Gouvernement.

Quoique mon intention ne soit pas d'entrer dans les détails de ce mode d'administration, je dois pourtant en donner une idée générale, dire de combien d'individus seraient composées ces vingt-quatre troupes, et ce que coûterait leur entretien.

On assurerait l'existence de neuf cent soixante-six artistes, cinq cent quarante-six hommes et quatre cent vingt femmes. L'opéra comique, auquel il faut toujours beaucoup de personnages accessoires, pour les chœurs, en occuperait le plus grand nombre. Ces troupes seraient plus complètes que celles que forment la plupart des directeurs ambulans : la faiblesse des recettes les force à user d'économie.

J'évalue la dépense générale de ces vingt-quatre troupes à deux millions huit cent mille francs. Je ferai observer que plus de la moitié de cette somme serait absorbée par les frais journaliers. Les trois principaux théâtres de la capitale, pour être dans un état de prospérité, ont besoin que le Gouvernement, ou le public, versent dans leur caisse trois millions quatre cent mille francs. On donnerait, avec moins de dépense, des spectacles bien montés, à plus de cent cinquante villes dans les départemens. Il est vrai qu'elles n'en jouiraient pas toute l'année : elles n'en ont pas l'habitude.

Les villes du premier ordre, si on le jugeait à propos, formeraient une classe à part. Le nombre de celles où l'on peut, avec les recettes, soutenir une troupe complète dans les deux genres, est maintenant bien peu considérable. Je ne vois presque que Lyon, Bordeaux, Bruxelles et Rouen, où cela soit possible. Toutefois plusieurs directeurs de comédie ont fait successivement de mauvaises affaires dans les deux premières de ces villes. Des actionnaires riches et généreux soutiennent le spectacle à Bruxelles. Rouen est la seule grande ville où la direction ait offert quelque bénéfice, depuis qu'elle a passé entre les mains de M. *Granger*, artiste recommandable par sa probité et par un talent du premier ordre.

Il a cédé son entreprise à M. *Coreard*, administrateur intelligent et laborieux.

Plusieurs grandes villes, telles que Marseille, Toulouse, Lille, Nantes, Metz, Strasbourg, où le spectacle est ouvert toute l'année, ne peuvent plus soutenir les deux genres. Il faut que l'un ou l'autre y soit accessoire.

On me demandera comment je formerais mes douze troupes de comédie? Je répondrai franchement : fort mal d'abord ; mais elles s'amélioreraient insensiblement, et par la pratique de leur art, absolument négligé depuis la révolution, et par les jeunes sujets que lui fournirait le Conservatoire.

On ne se fait plus comédien, depuis que cette profession ne présente plus un moyen d'existence. Cela changerait, si l'on y voyait la perspective d'un état assuré, et la certitude de ne pas mourir de faim dans sa vieillesse. Qui peut donner cette certitude? Le Gouvernement seul.

Il est très-possible que mon projet paraisse ridicule : je me serai trompé ; c'est un petit malheur. J'aurai au moins donné quelques renseignemens, que personne, avant moi, n'avait fournis ; c'est encore quelque chose. On ne m'accusera pas d'avoir pris un ton tranchant, et d'avoir affirmé que l'art dramatique était perdu, si l'on n'adoptait pas mes idées. Je le crois bien malade, ce pauvre art dramatique; il est temps que l'on vienne à son secours.

Si l'on rejette mon projet des vingt-quatre troupes ambulantes, au compte du Gouvernement, je demande, au moins, et cela ne présente pas de grandes difficultés, qu'au renouvellement des brevets, on en accorde un certain nombre à des directeurs qui ne formeront que des troupes de comédie, mais qu'on leur garantisse les pertes qu'ils pourraient faire, bien entendu que ces pertes ne viendraient pas de leur mauvaise gestion. Les secours qui leur seraient nécessaires, leur seraient accordés sur la demande des autorités locales, témoins de leurs opérations, et qui prendraient connaissance de leurs recettes. Je demanderais que l'on accordât des gratifications à ceux de ces directeurs qui auraient formé les meilleures troupes, monté le plus d'ouvrages, et fait moins de dépense. Je demanderais que l'on accordât aussi des encouragemens aux artistes qui se seraient fait remarquer par leur zèle, leurs progrès et leur bonne conduite.

Je crois que l'établissement d'une agence générale des spectacles, dans tout l'Empire français, serait de la plus grande utilité, si l'on admettait mon plan. L'agence mettrait de l'ensemble dans les opérations des directeurs de comédie ; elle leur tracerait la route qu'ils devraient suivre ; elle leur indiquerait les pièces qu'ils devraient monter. A l'exception de quelques ouvrages classiques, le répertoire d'une troupe ne serait pas celui d'une autre. Ces troupes, en se remplaçant, offriraient au public de nouvelles jouissances. De cette manière, aucun ouvrage digne d'estime, soit des auteurs morts, soit des auteurs vivans, ne serait plus condamné à un injurieux oubli. Les comédiens, en passant isolément d'une direction dans une autre, apprendraient tout leur emploi. Ils ne borneraient plus leurs études à une douzaine de rôles.

La gloire nationale se compose de tous les genres de gloire possibles. L'art dramatique tient un rang distingué parmi les arts d'agrément. Il mérite, ainsi que les autres, d'être encouragé. Il a besoin de secours, on lui en accordera, je n'en doute point. Déjà plusieurs directeurs de comédie, dans les départemens, ont reçu de son excellence le ministre de l'intérieur des sommes accordées par la libéralité de l'Empereur. Sa Majesté n'a-t-elle pas donné une preuve éclatante de l'intérêt qu'elle prend à l'art dramatique, en établissant des prix décennaux ? Des auteurs d'un talent reconnu, n'ont-ils point d'honorables pensions, qu'ils n'avaient point sollicitées ? Quel souverain a fait autant que l'Empereur pour les arts et pour les artistes ? A sa voix les ruines disparaissent, les cités s'embellissent, les canaux s'ouvrent, des communications, jugées impossibles, sont établies. Il a fermé toutes les plaies d'une révolution orageuse. L'art du théâtre fut précipité dans le gouffre commun; il dira un mot, et cet art, qui compte pour partisans tous les hommes de goût, ne tardera point à reprendre son ancien éclat.

CHAPITRE V.

Des moyens de rendre le Conservatoire et le Théâtre de l'Odéon utiles au Théâtre-Français. De l'établissement d'un théâtre d'élèves.

Qu'arrivera-t-il si l'on ne prend aucune mesure pour relever l'art dramatique dans les départemens? Ce qui arrive déjà : ils ne formeront plus de sujets pour la scène française. On continuera de compter, pour recruter le premier théâtre de la nation, sur les élèves du Conservatoire, ou sur les acteurs du Théâtre-de-l'Impératrice. Les premiers manquent d'expérience, leur éducation dramatique est à peine commencée; et les autres, à quelques exceptions près, n'ont aucune habitude du grand répertoire. Ce n'est pas avec des moyens si insuffisans, que l'on réparera les pertes dont on est menacé. Le théâtre français ira toujours en déclinant, et dans quinze ans d'ici, les comédiens ordinaires de sa Majesté seraient suivis, comme ils le sont maintenant, les jours où les pensionnaires, trop nombreux de ce théâtre, représentent, dans la solitude, les pièces qu'on leur abandonne, pour ne point afficher *relâche.*

Il est constant que ce n'est point pour les ouvrages que l'on se porte, très-souvent, en foule au Théâtre-Français; mais seulement pour y voir les acteurs en réputation. On pourrait, j'en réponds, se dispenser d'afficher le titre des pièces; il suffirait d'imprimer, en gros caractères : aujourd'hui MM. *Talma, Saint-Prix, Lafond, Damas;* mesdames *Raucourt, Duchenois,* joueront dans la tragédie; demain, MM. *Fleuri, Michot, St.-Phal, Baptiste aîné,* et *Baptiste cadet;* mesdames *Mars, Devienne, Emélie Leverd, Bourgouin,* joueront dans la comédie; et la salle regorgera de monde à ces deux représentations. Qu'on donne *Marivaux,* ou *Molière, Du Belloi* ou *Corneille,* peu importe aux spectateurs : ce sont ses idoles qu'il veut applaudir. En vain lirait-on un mois de suite sur l'affiche : *Phèdre,* le *Misanthroppe,* et tous nos chefs-d'œuvres; si aucun des noms des acteurs, chers aux amateurs, ne s'y trouvent accolés, la recette sera nulle, ou très-médiocre. Ce n'est qu'aux théâtres secondaires que l'on court pour les pièces. Il s'y trouve cependant quelques acteurs originaux qui jouissent aussi du privilége d'attirer la multitude.

Les petits théâtres, à Paris, n'ont pas besoin que l'on s'occupe de leur destinée : qu'on les laisse faire, c'est tout ce qu'ils demandent. Ils ne craignent que l'envie qu'excite, à tort, leur prospérité constante. On les supprimerait tous, que la classe de spectateurs qui les enrichit n'en irait pas davantage aux grands théâtres. La clôture de celui de la Porte-Saint-Martin, il y a cinq ans, n'a pas procuré de meilleures recettes au grand Opéra. En fait de plaisirs, que chacun prenne celui qui convient à ses goûts, lorsque cela ne nuit point à l'ordre public.

Les trois principaux théâtres de Paris sont dignes de la protection dont ils sont honorés, et de la faveur du public. L'Opéra-Italien rivalise avec eux en gloire et en succès. La troupe de comédie du Théâtre-de-l'Impératrice paraît seule ne pas atteindre le but qu'on s'était proposé, en l'élevant au rang des grands théâtres. Quelles en sont les causes? il est facile de les indiquer. Peut-on combattre avec l'espoir de vaincre, quand on a, contre soi, le désavantage du terrein, celui des armes, du nombre et de la valeur des troupes? Cependant, on monte beaucoup de nouveautés à ce théâtre. On y est donc laborieux ; c'est un point important. Les succès y sont rares : sont-ils bien communsailleurs ? Il a fallu près de deux siècles au Théâtre-Français pour former son répertoire ; est-ce après quatorze ans d'existence, que celui de l'Odéon peut rivaliser en richesses dramatiques ? Paraîtra-t-il, tout exprès pour lui, de nouveaux *Molière*, de nouveaux *Regnard*, de nouveaux *Destouches*, qui lui consacreront le fruit de leurs veilles ? Est-ce à lui que les auteurs du premier ordre confient le soin de leur gloire ? on ne s'adresse à lui que lorsqu'on a été refusé autre part, qu'on craint de l'être, ou qu'on a un intérêt direct à la prospérité de l'entreprise. On reproche à ce théâtre de jouer des drames, c'est un tort, sans doute; mais voilà son excuse. D'abord le drame est sa tragédie; en second lieu le public du faubourg Saint-Germain aime singulièrement les pièces sentimentales ; il dédaigne des comédies, dont tous les journalistes ont dit du bien ; il vient voir des ouvrages dont ils ont dit pis que pendre : que faire alors ? Je le demande, ne doit-on pas consulter le goût de ceux qui nous font vivre ? Oh ! que le bon *La Fontaine* a bien eu raison de dire :

On ne peut contenter tout le monde et son père.

Je crois cependant qu'il ne serait pas impossible de rendre le théâtre français de l'Odéon plus utile à l'art dramatique, sous tous les rapports, qu'il ne l'est maintenant, avec les faibles ressources qu'il a en sa puissance.

Je vais donner connaissance d'un mémoire que le directeur du Théâtre-de-l'Impératrice (M. Alexandre Duval), a présenté aux premières autorités de l'Etat. Je ne transcris de ce mémoire que ce qui est relatif au sujet que je traite. Comme il est un résumé de ce que j'ai dit jusqu'à présent, on ne sera pas étonné de voir les mêmes idées s'y reproduire.

. . . .

« L'art dramatique menacé d'une décadence pro-
« chaine exige impérieusement que l'on prenne
« des mesures énergiques pour le maintenir dans
« son éclat.

« Maintenant qu'il n'existe, en province, qu'un
« très-petit nombre de troupes où l'on joue la
« tragédie et la haute comédie, de quelle ma-
« nière le Théâtre-Français réparera-t-il les pertes
« successives que le temps amènera? Il lui faut
« une école, dont les élèves puissent chaque jour
« donner des garanties de leurs progrès dans l'un
« des arts les plus difficiles. Les leçons des maîtres,
« sans les secours d'un exercice journalier, ne
« peuvent qu'indiquer et aplanir la route qu'il
« faut suivre. Avant d'avoir été jugé par le pu-

« blic, le talent présumé d'un débutant ressem-
« ble à ces théories brillantes, dont le prestige
« s'évanouit à l'exécution.

« C'est pour l'intérêt du Théâtre-Français,
« que je demande que le théâtre de l'Impéra-
« trice soit une école en permanence ; et pour
« qu'il atteigne ce but, il est de toute nécessité
« que l'on y représente les pièces des *Corneille*,
« des *Racine*, des *Molière*. Ce n'est que dans
« les ouvrages classiques de ces auteurs célèbres,
« et de leurs heureux imitateurs, que l'artiste
« peut appliquer le fruit de ses méditations, de
« ses études ; ce n'est qu'à la représentation de
« ces chefs-d'œuvres que l'on peut juger de l'in-
« telligence de l'acteur, et qu'il trouve le moyen
« de la développer.

« Le Théâtre-Français ne doit pas craindre
« que cet ordre de choses soit nuisible à ses inté-
« rêts, puisque ses intérêts seraient le principal
« motif de cet établissement. Les sujets qui se
« formeraient à l'Odéon seraient destinés, lors-
« qu'ils seraient jugés dignes de cet honneur, à
« passer au premier théâtre. Il aurait le droit de
« les appeler dans son sein, non pour les laisser
« végéter dans une nullité profonde ; mais pour
« les occuper d'une manière utile. Il les récla-
« merait lorsqu'un emploi en chef ou en double

« viendrait à vaquer. Aucun artiste ne paraîtrait
« sur la scène française, sans avoir préalablement
« joué, au moins deux ans, au théâtre de l'Im-
« pératrice.

« C'est là seulement que les débuts pour-
« raient avoir lieu. Il est inconvenant de voir des
« écoliers, sans expérience, sans aucune habitude
« de la scène, venir s'essayer à côté des maîtres
« de l'art, et obtenir des succès éphémères
« achetés à prix d'argent, ou arrachés par l'in-
« fluence et l'adresse de leurs protecteurs. Ce
« scandale n'existerait plus, le Théâtre-Fran-
« çais réparerait ses pertes par des artistes d'un
« talent reconnu. Ce serait au théâtre secon-
« daire, pour que la privation d'un sujet cher
« au public ne fût pas une calamité pour lui, à
« mettre tous ses soins à encourager plusieurs
« élèves à la fois, à les maintenir dans une riva-
« lité profitable à l'art et à eux-mêmes. Ces
« artistes, stimulés par l'espoir d'une honorable
« désignation, ne songeraient qu'à la récompense
« offerte à leur émulation, et feraient tous leurs
« efforts pour la mériter.

« Alors les comédiens français n'auraient plus
« besoin de se surcharger de pensionnaires inu-
« tiles à la marche du répertoire, et onéreux à la
« caisse. Ces pensionnaires, après avoir brillé

« aux jours de leur début, sont, la plupart,
« condamnés à ne paraître ensuite que dans des
« rôles accessoires. On les accueille mal; ils se
« découragent, ne cultivent plus leur art, se
« retirent; ou si l'on finit par les recevoir, ils
« acquèrent, par droit d'ancienneté, le droit
« abusif de succéder à des artistes qu'ils ne peu-
« vent remplacer.

« On accuse chaque comédien français en parti-
« culier de ne protéger ordinairement que le suc-
« cesseur, ou le double qui pourra le faire regret-
« ter, ou de ne pas lui causer d'ombrage. Je crois ce
« reproche injuste; on ne le fera plus à aucun d'eux,
« lorsque la voix publique, rarement suspecte,
« proclamera le nom du candidat, qu'une longue
« suite de succès, et non un engouement passa-
« ger, une cabale, ou l'esprit de parti aura désigné
« pour être un des soutiens de la scène française.

« Il importe qu'un théâtre qui existe avec
« gloire depuis près de deux siècles, par une
« suite non interrompue d'acteurs célèbres, aille
« ainsi, d'âge en âge, à la postérité, sans dé-
« choir de son antique renommée.

« Je demande donc, qu'en conservant son
« titre de Théâtre-de-l'Impératrice, la troupe de
« l'Odéon soit mise en possession des droits atta-
« chés au titre d'annexe du Théâtre-Français;

« Qu'elle puisse jouer en concurrence toutes
« les pièces des auteurs morts depuis plus de
« dix ans.

« Qu'aucun artiste dramatique ne puisse, à
« l'avenir, être admis au Théâtre-Français sans
» avoir joué, au moins pendant deux ans, sur le
« Théâtre-de-l'Impératrice.

« Que les débuts dans la tragédie et dans la
« comédie ne puissent avoir lieu à Paris que sur
« le théâtre de l'Impératrice, d'après un ordre
« émané de monsieur le surintendant.

« Que lorsqu'un emploi, soit en chef, soit en
« double, vaquera au Théâtre-Français, le
« Théâtre-Français ait le droit d'admettre dans
« son sein l'acteur ou l'actrice dont les talens lui
« seraient nécessaires. Le Théâtre Français pré-
« viendra, trois mois avant l'ouverture de l'année
« théâtrale, l'administration du théâtre de l'O-
« déon, pour qu'elle ait à se pourvoir d'un autre
« sujet. Toutefois, en cas d'urgence, le Théâtre-
« Français serait dispensé de cette formalité. »

Ce mémoire, comme je l'ai dit, présenté
à des hommes en place, et communiqué à plusieurs gens de lettres, a paru renfermer des
idées utiles. Obtiendrait-il l'approbation des
comédiens français? Je ne le présume pas. Ils
y verraient une spoliation de leurs droits les

plus chers. Ils se regardent comme les héritiers uniques des auteurs célèbres, dont leurs devanciers ont joué les ouvrages ; ils sont, selon eux, devenus leur propriété. Ils leur doivent leur gloire et leur fortune. Serait-ce porter atteinte à l'une et à l'autre, en permettant à une seconde troupe de les représenter ? leur crainte serait mal fondée. Leurs rivaux, quant aux recettes, quels sont-ils ? ce sont les théâtres établis dans leur voisinage, et dont le genre est plus attrayant que le leur, pour la multitude. Ils savent bien que ce sont les artistes, en renom, qu'ils possèdent, et non les ouvrages qui les enrichissent. Qu'auraient-ils à redouter des solitaires du faubourg Saint-Germain ? arriverait-il une époque où les deux troupes seraient égales en talent ? cela est moralement impossible. Cela serait, que la différence des localités en mettrait une très-grande dans les recettes. Enfin, cette époque est si éloignée, que les sociétaires actuels du Théâtre-Français auront alors obtenu leur retraite. Assurés d'avoir une existence brillante, tant qu'ils continueront de charmer le public, il leur importe, lorsque l'heure du repos aura sonné pour eux, que leurs successeurs soient assez suivis, à leur tour, pour être en état de leur payer ces pensions, fruits d'un travail long et honorable.

Si mes conseils étaient suivis, ce n'est point aux seuls moyens que j'ai indiqués, que je bornerais ma sollicitude pour former des acteurs : je rétablirais un théâtre de jeunes élèves. Il serait dans la dépendance du Conservatoire. Les acteurs seraient choisis parmi les élèves de cette école, ainsi que les musiciens de l'orchestre. On n'y représenterait que de petites pièces, de petits opéras en un acte, et de petits ballets. Les danseurs seraient fournis par les écoles de danse de l'Académie Impériale de musique.

Cette troupe aurait bientôt un fonds de répertoire, en remontant une foule de pièces agréables jouées anciennement par les Variétés, les comédiens de Beaujolais, les Jeunes-Artistes et les Jeunes-Élèves. Les auteurs dont ces ouvrages sont encore la propriété, ou les administrateurs qui les ont acquis, s'empresseraient de les porter à la nouvelle troupe. On en composerait d'autres pour elle. Ce serait un bonheur pour les jeunes compositeurs, à qui les auteurs, qui travaillent pour l'Opéra-Comique, ne confient point leurs poëmes, et qui peuvent encore moins espérer de se voir accueillis à l'Académie-Impériale de musique. La composition de la musique d'un nouvel opéra, ou d'un nouveau ballet, serait confiée par le Conservatoire, à ceux que les professeurs de cet utile établissement en jugeraient capables.

Les artistes bornés à la déclamation, n'en étudieraient pas moins les pièces du grand répertoire. Lorsqu'ils auraient acquis l'habitude de la scène, sur la demande de leurs maîtres, l'agence centrale les placerait dans les troupes des départemens : on ne les perdrait pas de vue. Lorsqu'un emploi vaquerait à l'Odéon, ils seraient appelés pour y débuter. Si le public les goûtait, ils seraient reçus à l'essai pour un an, et admis à faire partie de la troupe, si pendant cette année d'épreuves, ils avaient répondu à l'attente du public.

Je pense, si l'on admettait les mesures que je propose, qu'avant que dix ans se fussent écoulés, on aurait de bons acteurs, tant à Paris que dans les grandes villes : l'espèce en manque absolument. Que l'on interroge les correspondans des artistes, on saura, par eux, si dans toute la France on trouverait, maintenant, un seul jeune homme en état de jouer l'emploi de M. *Armand*, avec succès, même au Théâtre-de-l'Impératrice. Il est donc instant de prendre cet objet en considération, si l'on veut que la tragédie et la haute comédie soient jouées, à l'avenir, sur nos théâtres.

La troupe d'élèves que j'invite à former, serait la moins coûteuse de toutes celles qui existent dans la capitale, et ne serait pas celle qui procurerait les moindres bénéfices : elle fournirait, en partie, aux dépenses du Conservatoire. L'expérience a prouvé qu'il sortait toujours des théâtres d'élèves des sujets précieux. Les citations sont inutiles, j'en pourrais faire un grand nombre ; je m'en abstiens, pour ne pas grossir cette brochure.

Je placerais ce théâtre à la Porte Saint-Martin, l'emplacement est favorable. Je ferais reconstruire l'intérieur de la salle, pour qu'elle fût proportionnée aux moyens des artistes. Plût au ciel et aux architectes qu'on n'eût jamais fait de grandes salles en France. Ce n'est pas un des moindres malheurs de la comédie : elles occasionnent des frais immenses, et sont défavorables aux artistes. L'acteur obligé de forcer sa voix, pour se faire entendre, perd de son naturel ; le jeu de la physionomie devient nul, l'ensemble de la représentation est plus difficile, les ouvrages paraissent froids, et produisent moins d'effet. Voulez-vous en faire l'épreuve ? faites jouer, pendant quelques jours, la troupe française aux Variétés, et les comédiens des Variétés sur le Théâtre-Français. Les premiers paraîtront avoir doublé en talens, et les seconds seront d'une nullité absolue. Sera-ce leur faute ? Non, mais celle du local, qui ne sera plus en proportion avec leurs ouvrages et les petits moyens de leurs jolies petites actrices. Dira-t-on qu'il faut de grands vaisseaux pour la tragédie ? ce n'était pas l'avis du célèbre *Le Kain :* il voyait, avec douleur, que l'on se disposait à bâtir le théâtre de l'Odéon, dans des proportions trop grandes. Il déplorait le sort de ses successeurs. Ce sublime artiste avait tout calculé ; peut-être eût-il produit moins d'effet, s'il eût vécu de notre temps.

Il s'en faut, de beaucoup, que j'aie épuisé mon sujet ; mais je m'arrête 1.° pour ne pas abuser de la patience du lecteur ; en second lieu, parce qu'il est de certaines vérités, qu'on ne dit point sans se faire des ennemis, et je veux vivre en paix avec tout le monde.

J'ai cru qu'il m'était permis de faire part au public de mes réflexions sur les moyens de prévenir la décadence de l'art du comédien. Il n'est personne qui ne se soit dit, quelquefois en sa vie, sur différens objets, voici ce que je ferais, si j'avais, en main, la puissance suprême. Celui-ci fait un projet sur la marine, celui-là sur l'armée, tel autre sur les finances ; moi, j'ai fait le mien sur les théâtres. Suis-je un rêve-creux, comme tant d'autres ? cela se pourrait bien. Alors un dédaigneux silence fera justice de mes rêveries. Ai-je, par hasard, présenté quelques idées raisonnables ? on les remarquera, chaque lecteur y ajoutera les siennes ; enfin, si je provoque une discussion utile, je le répète, j'aurai atteint le but que je me suis proposé.

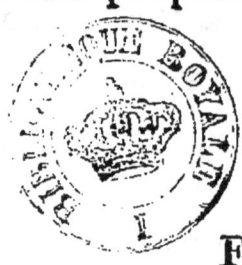

FIN.

ERRATA.

Page 16, ligne dernière ; Commission de la librairie ; *lisez* Direction, etc.

— 21, — 2 ; de ; *lisez* les.

— 25, — 4 ; les principes ; *lisez* le principe.

— 29, — 14 ; douzaine ; *lisez* trentaine.

DE L'IMPRIMERIE D'A. EGRON.

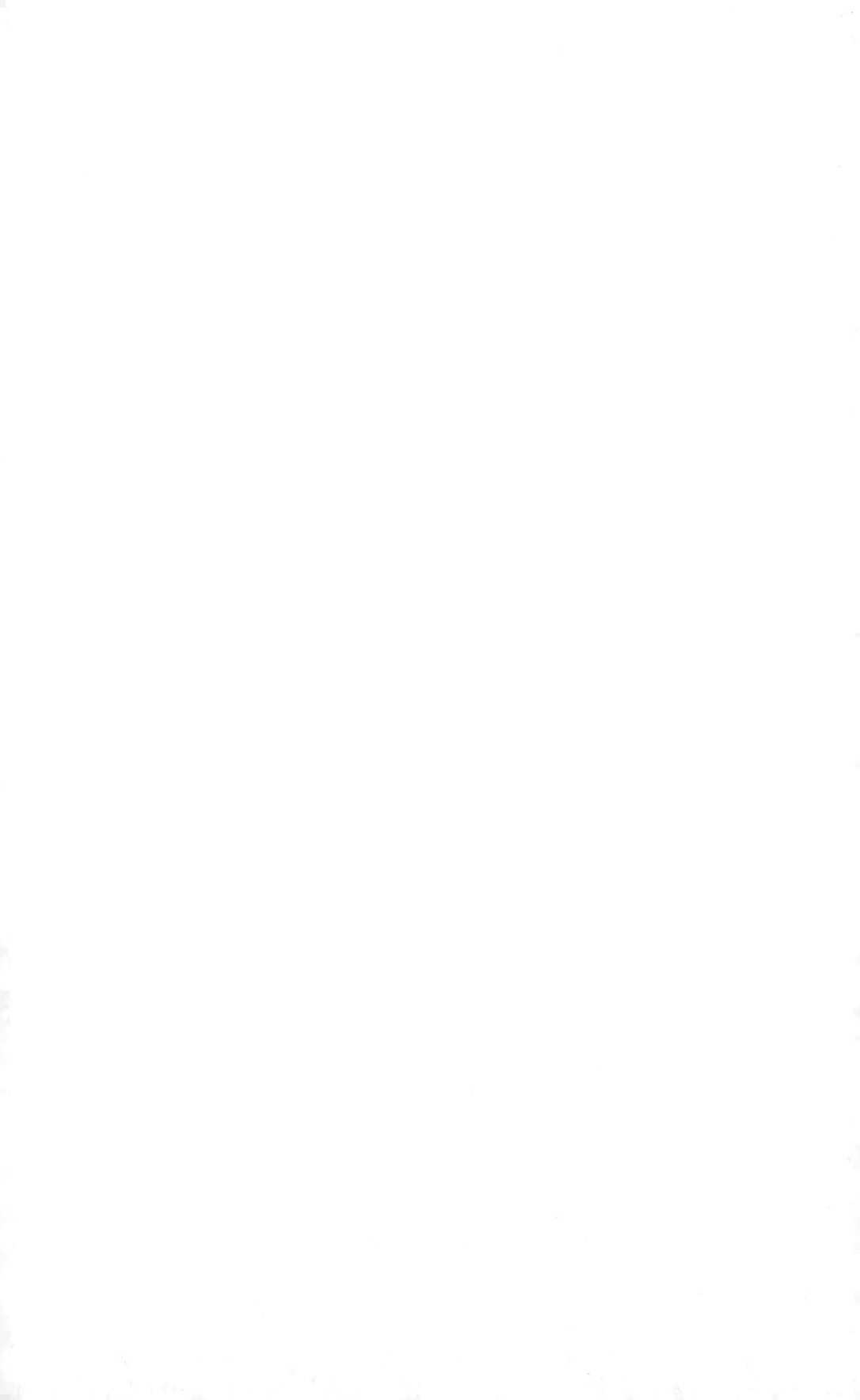

www.ingramcontent.com/pod-product-compliance
Lightning Source LLC
Chambersburg PA
CBHW030055230526
45471CB00003B/1108